Books Belongs To

_____

_____

_____

_____

Color Test Page

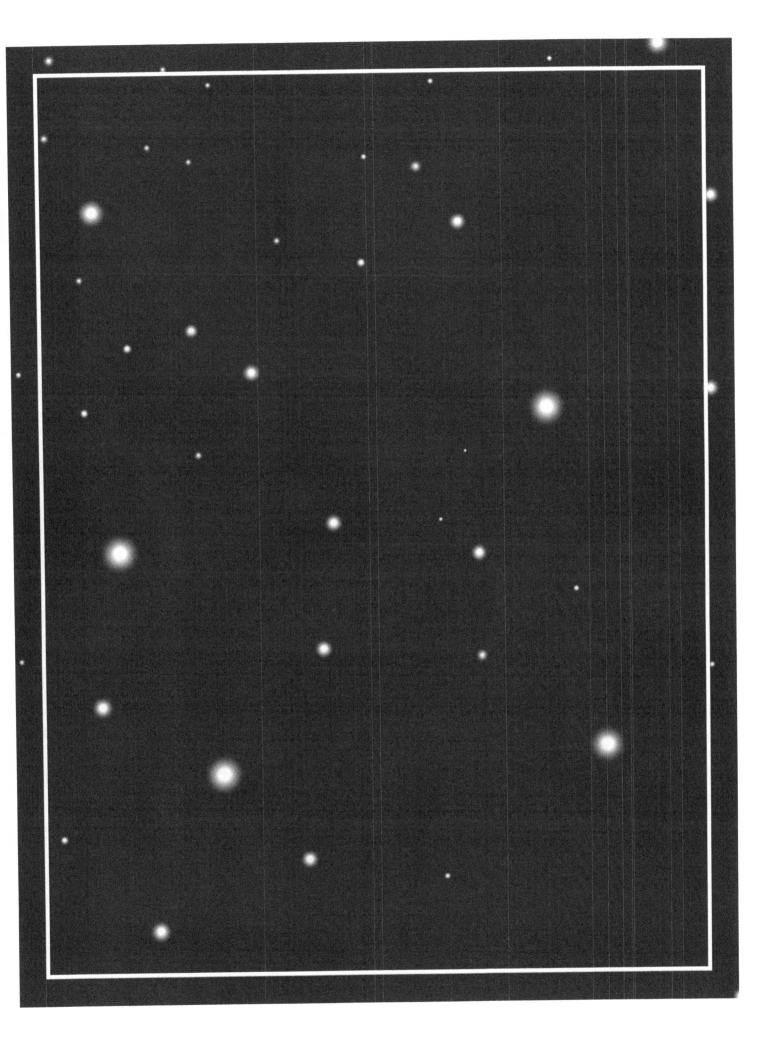

1.Light Green 2.Medium Red 3.Medium Orange
4.Aqua 5.Dark Brown

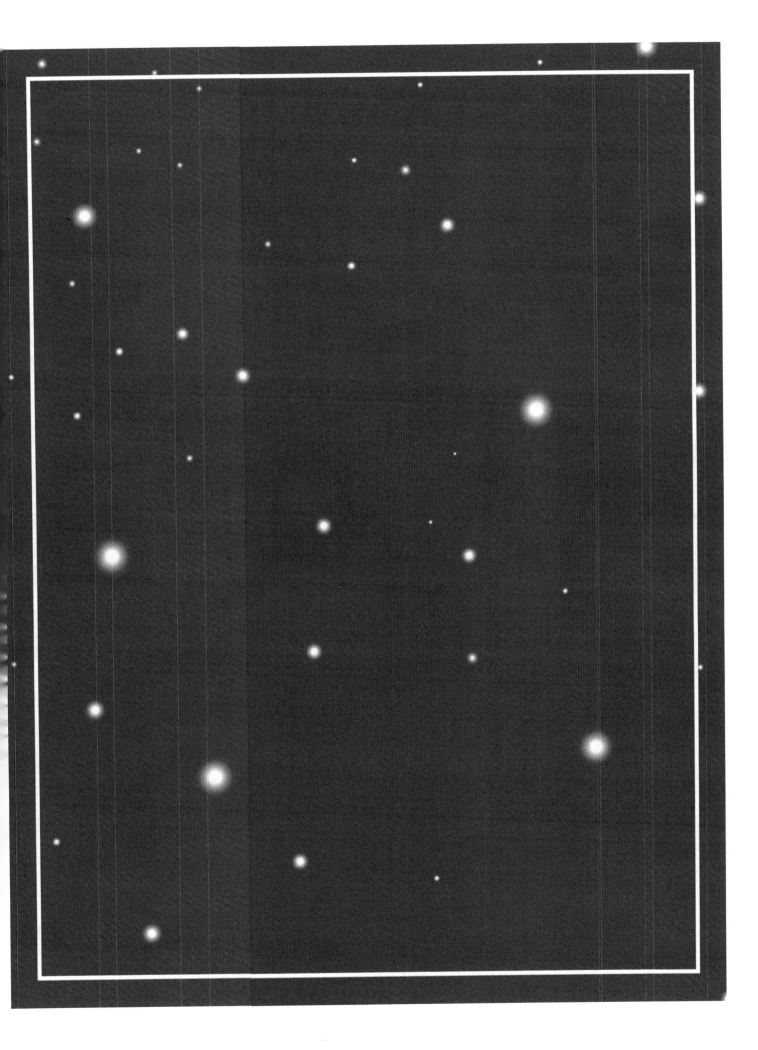

1.Green 2.Light Green 3.Light Orange 4.Medium Orange 5.Pink

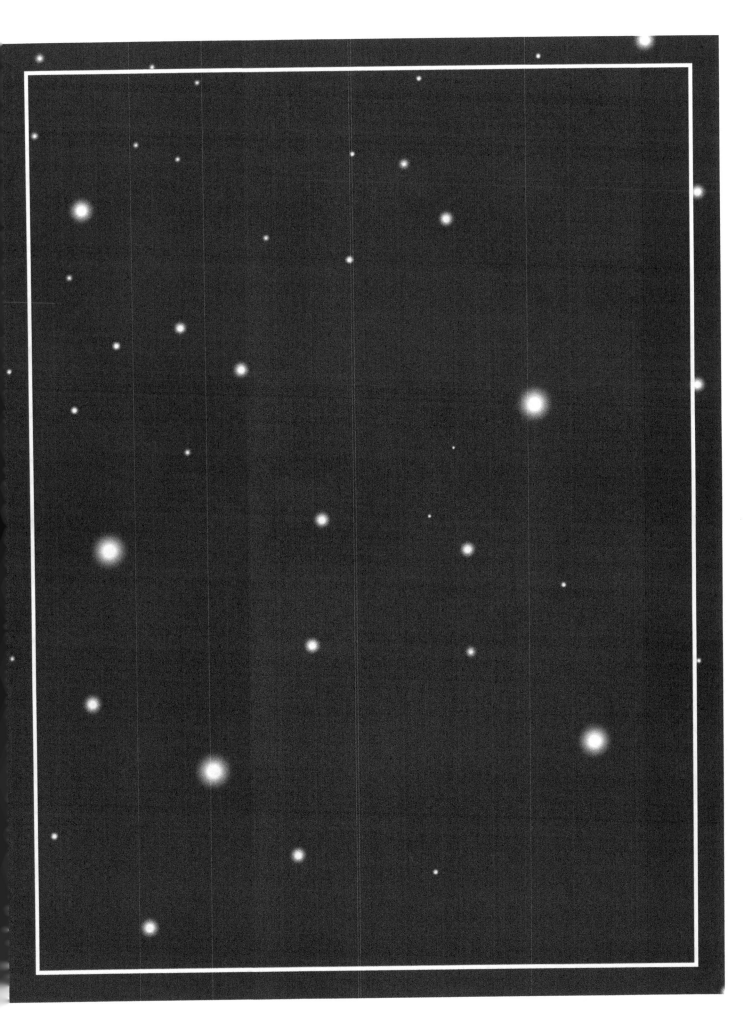

1.Light Green 2.Medium Red 3.Dark Red 4.Medium Orange 5.Light Orange 6.Yellow
7.Light Pink 8.Dark Pink 9.Light Purple 10.Dark Purple 11.Bronze 12.Light Gray

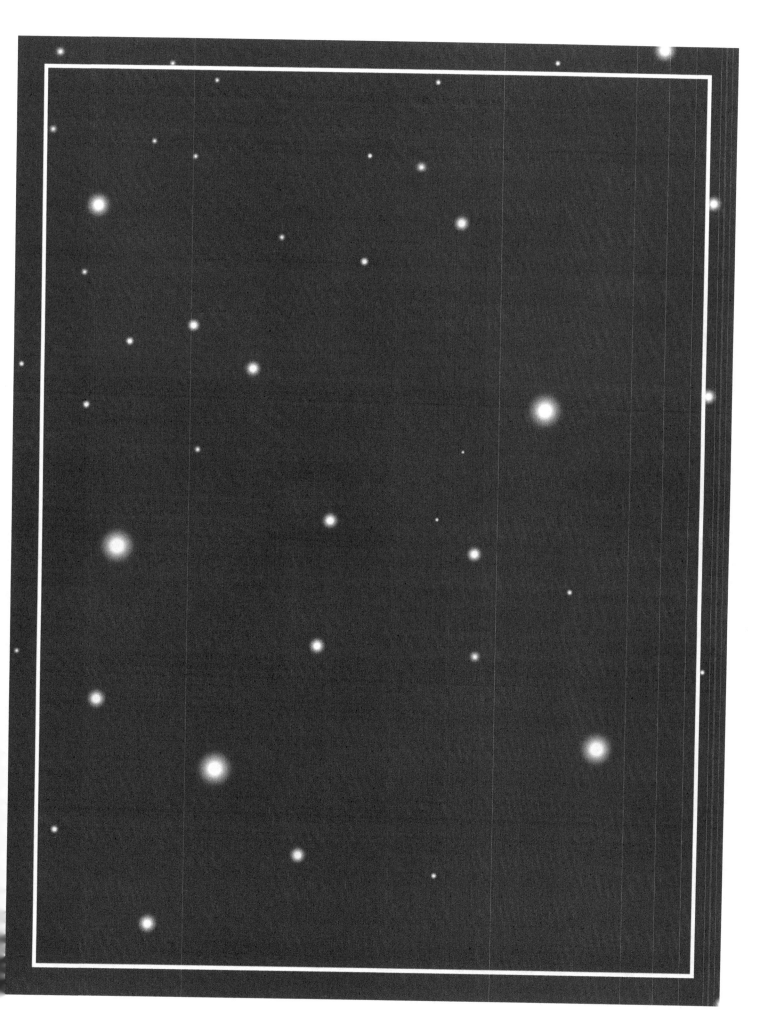

1.Green 2.Light Green 3.Medium Orange 4.Aqua 5.Light Brown

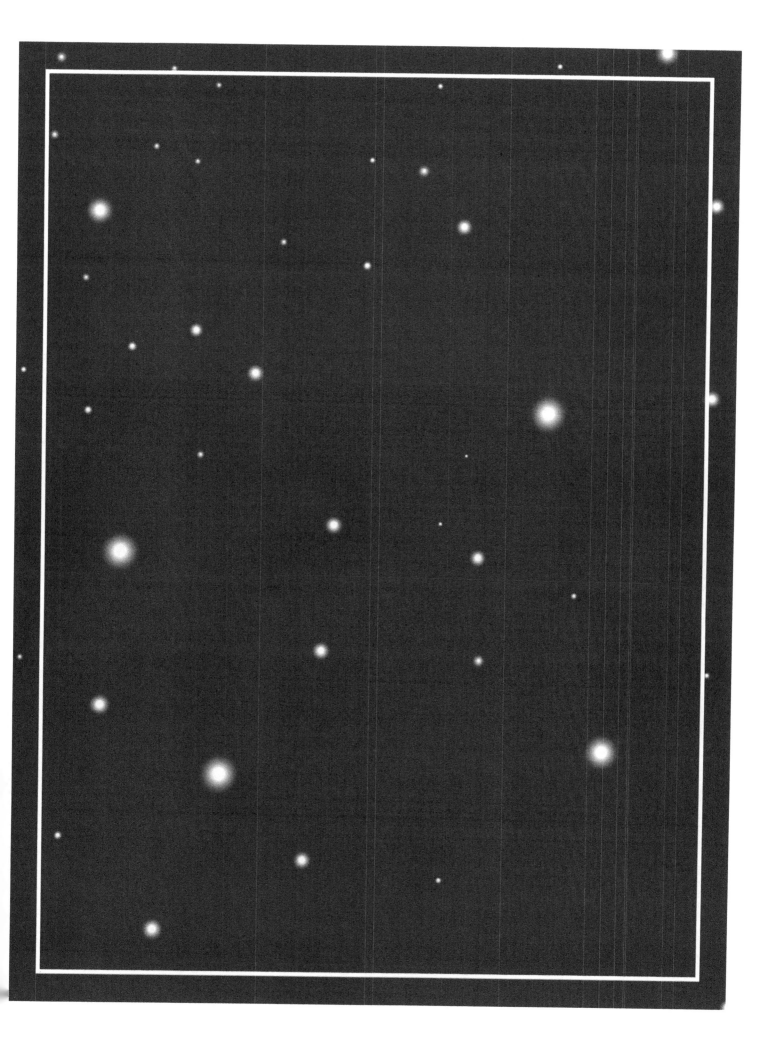

1.Green 2.Light Purple 3.Dark Purple

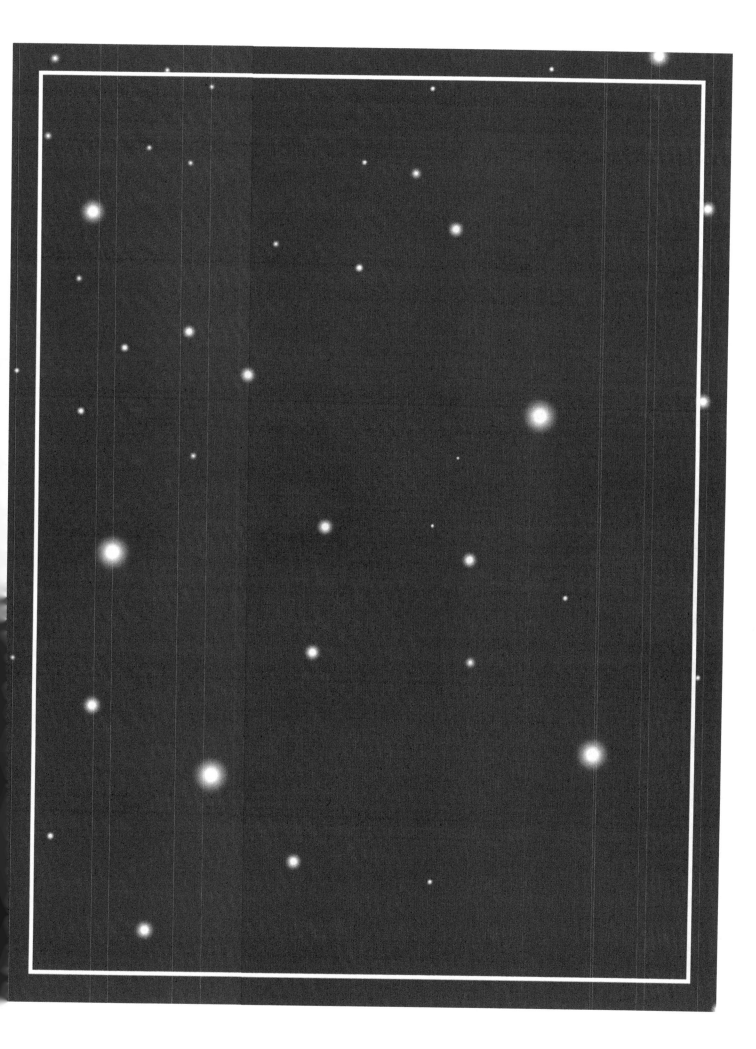

1.Green 2.Light Green 3.Aqua 4.Yellow 5.Medium Orange 6.Light Gray

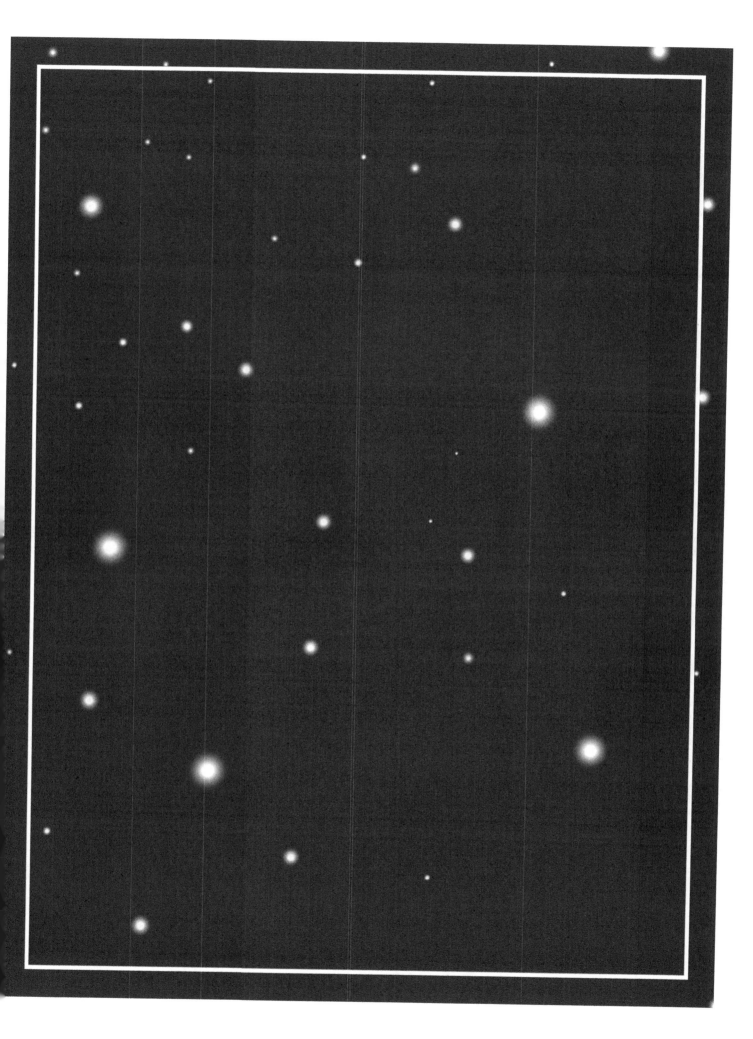

1.Green 2.Light Green 3.Yellow 4.Dark Yellow 5.Medium Yellow
6.Aqua 7.Medium Red 8.Light Gray 9.Light Brown

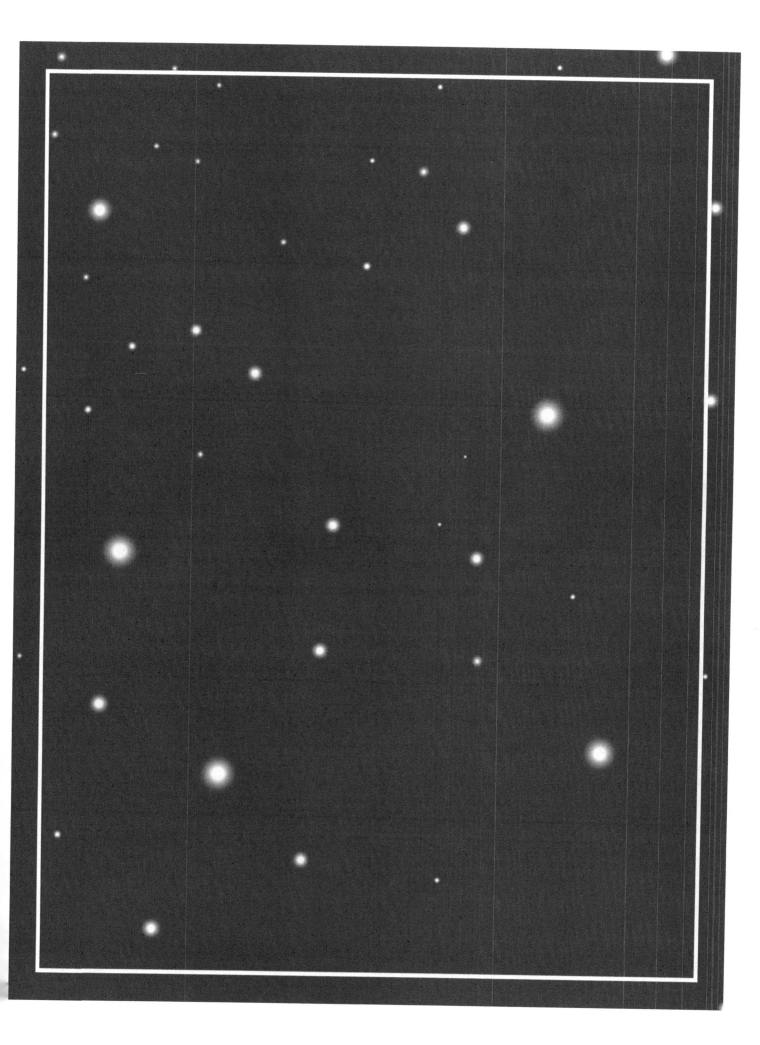

1.Green 2.Light Green 3.Yellow 4.Aqua 5.Medium Red

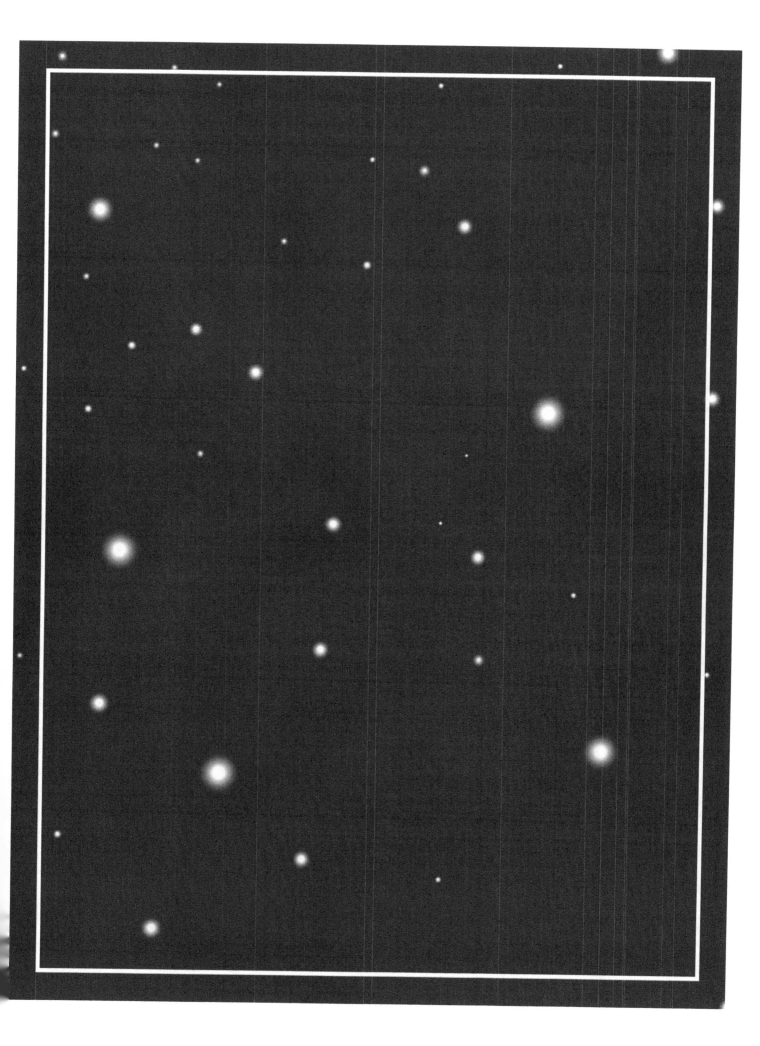

1.Green 2.Light Green 3.Medium Red 4.Yellow

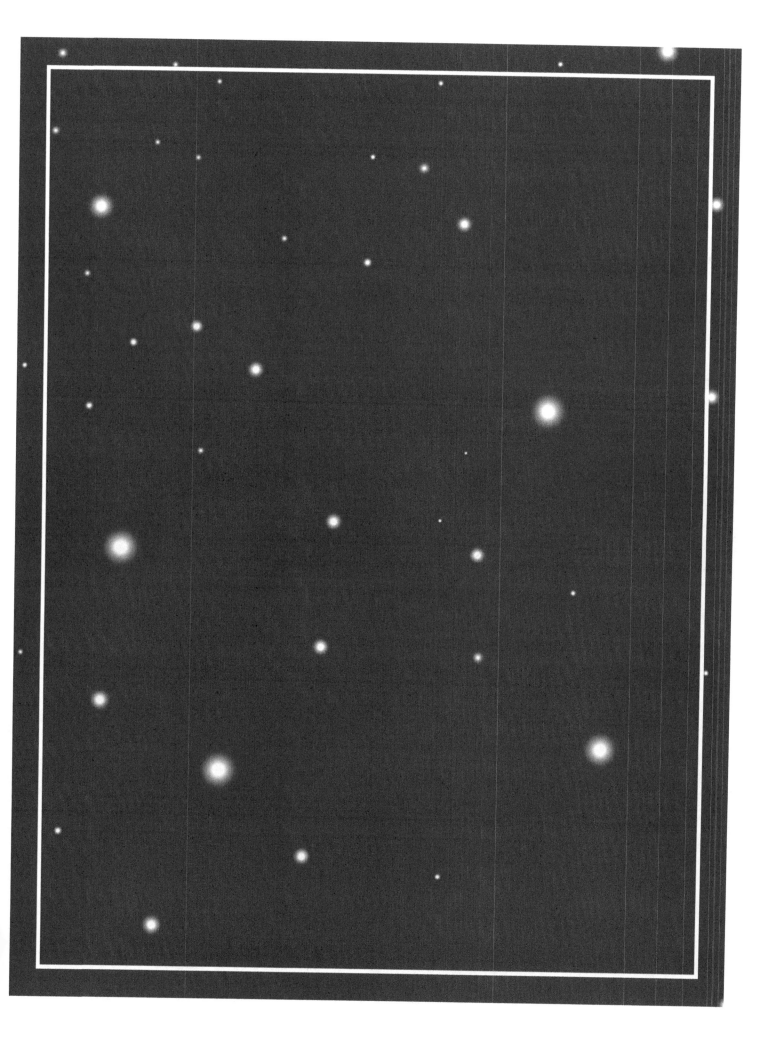

1.Light Green 2.Purple 3.Medium Orange 4.Yellow 5.Medium Red
6.Light Brown 7.Light Orange 8.Light Gray

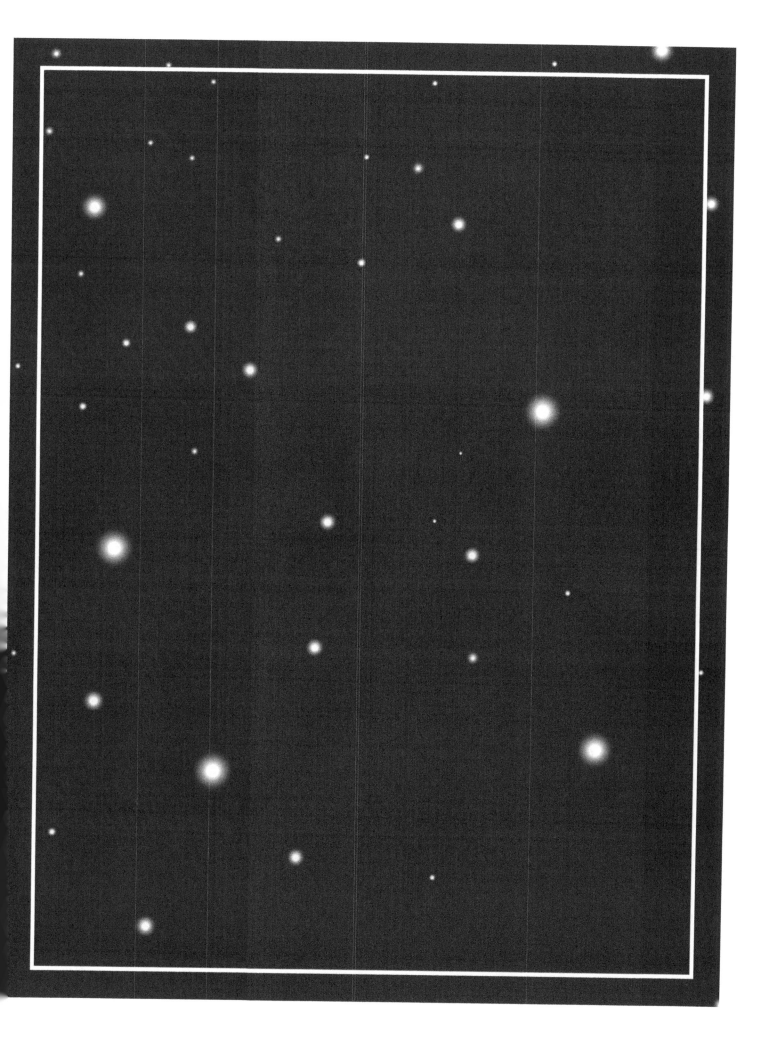

1.Light Green 2. Green 3.Pink 4.Medium Orange 5.Yellow
6.Medium Red 7.Dark Orange 8.Ice Blue

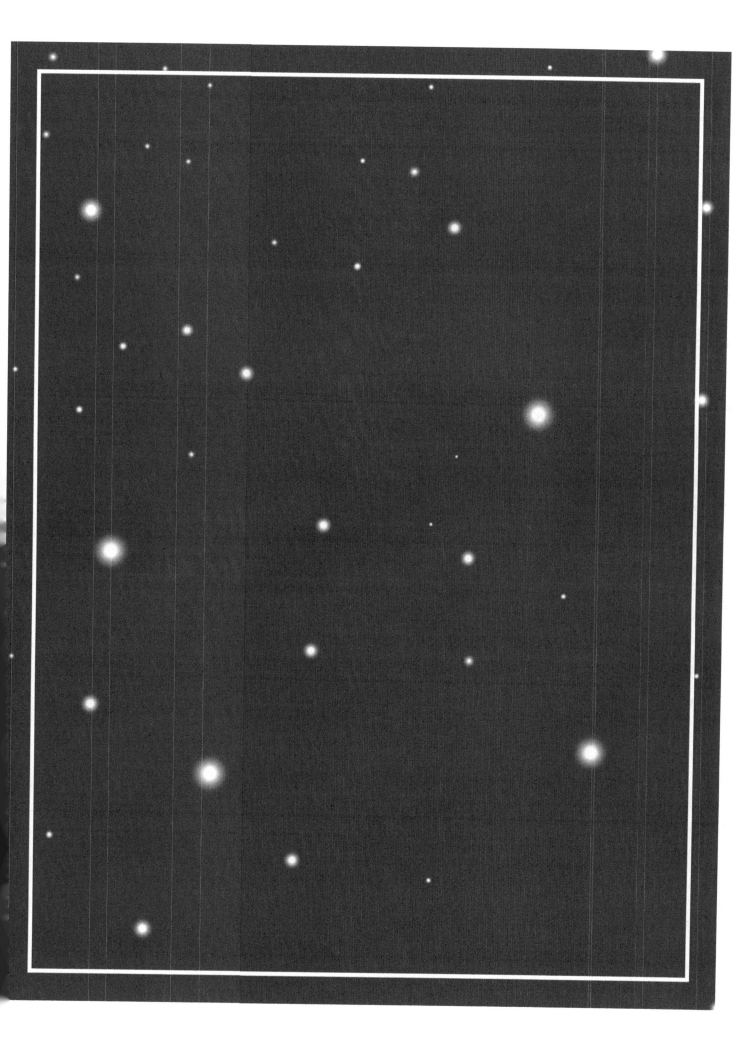

1.Light Green 2.Medium Orange 3.Light Orange 4.Yellow 5.Pink
5.Pink 6.Medium Red 7.Aqua

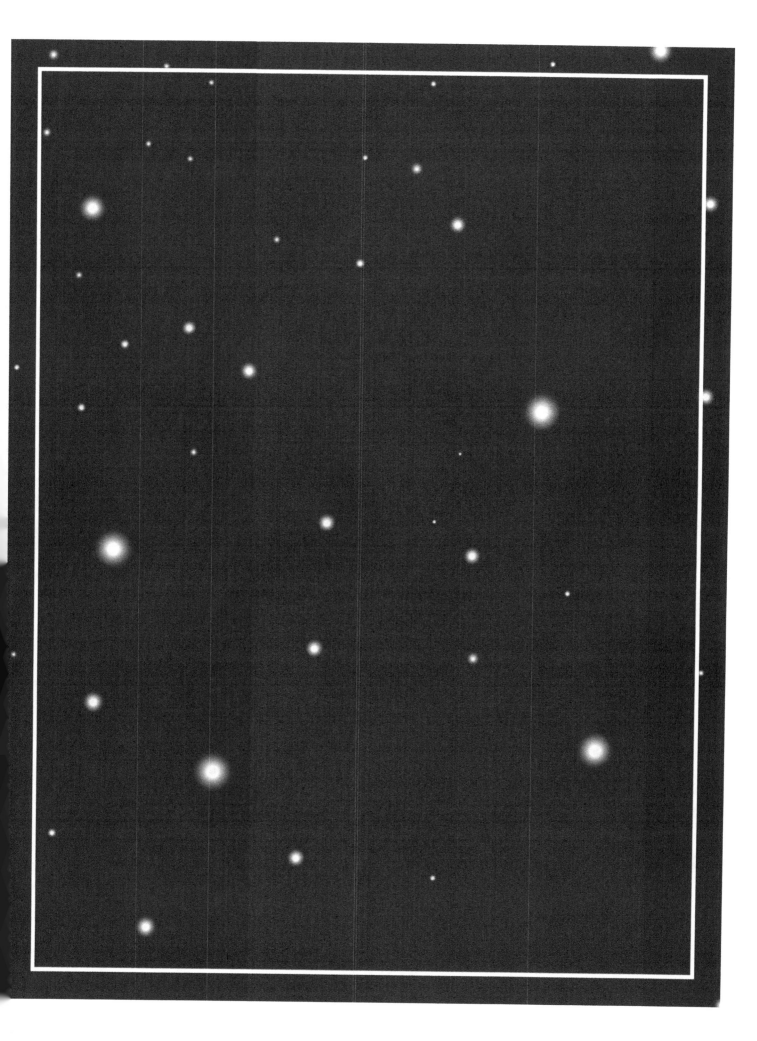

1.Green 2.Light Green 3.Dark Orange 4.Light Orange 5.Pink
6.Yellow 7.Medium Red

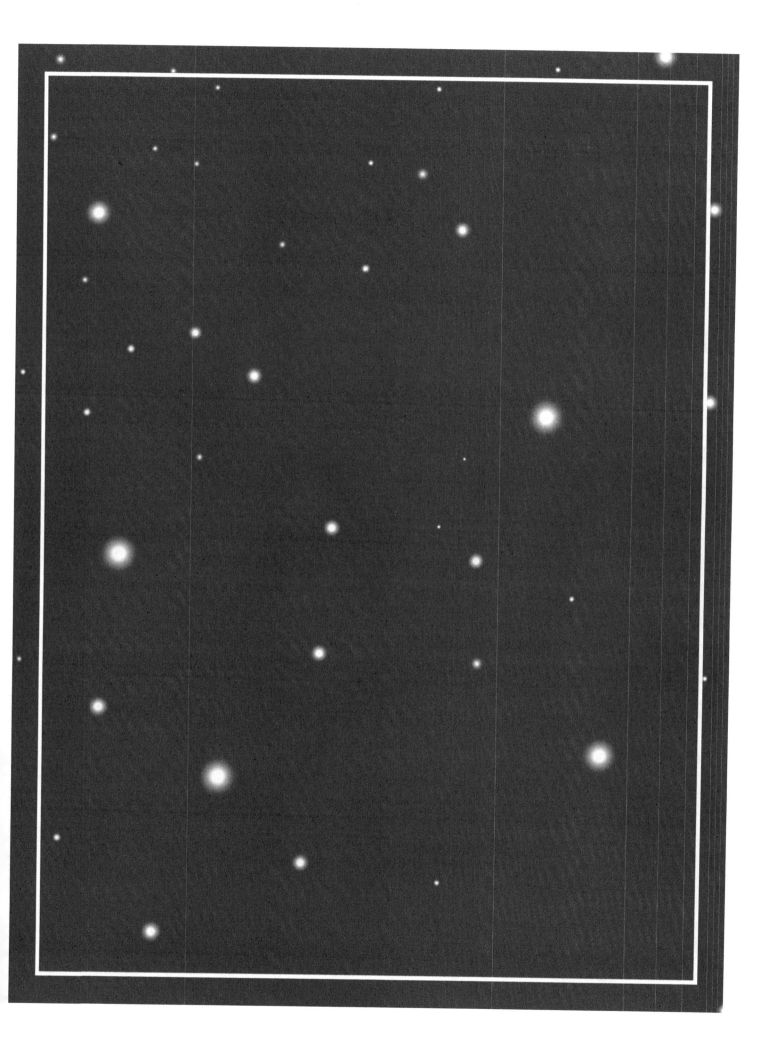

1.Light Green 2.Medium Orange 3.Light Orange 4.Yellow 5.Medium Red

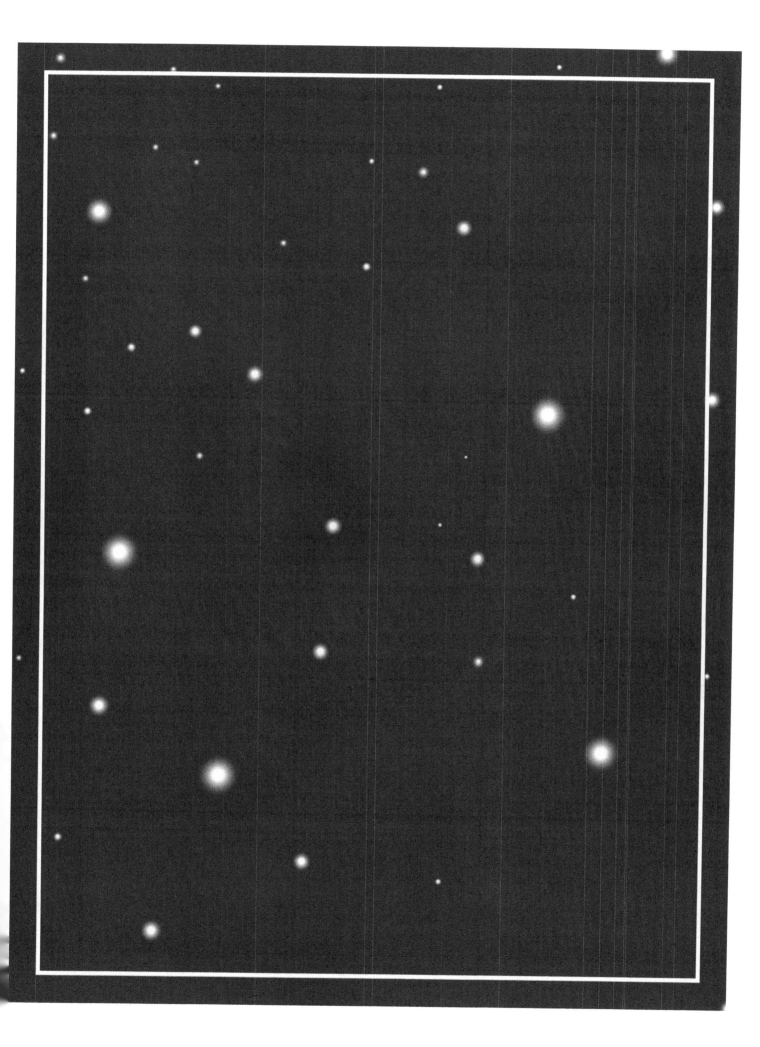

1.Light Green 2.Yellow 3.Medium Red 4.Purple

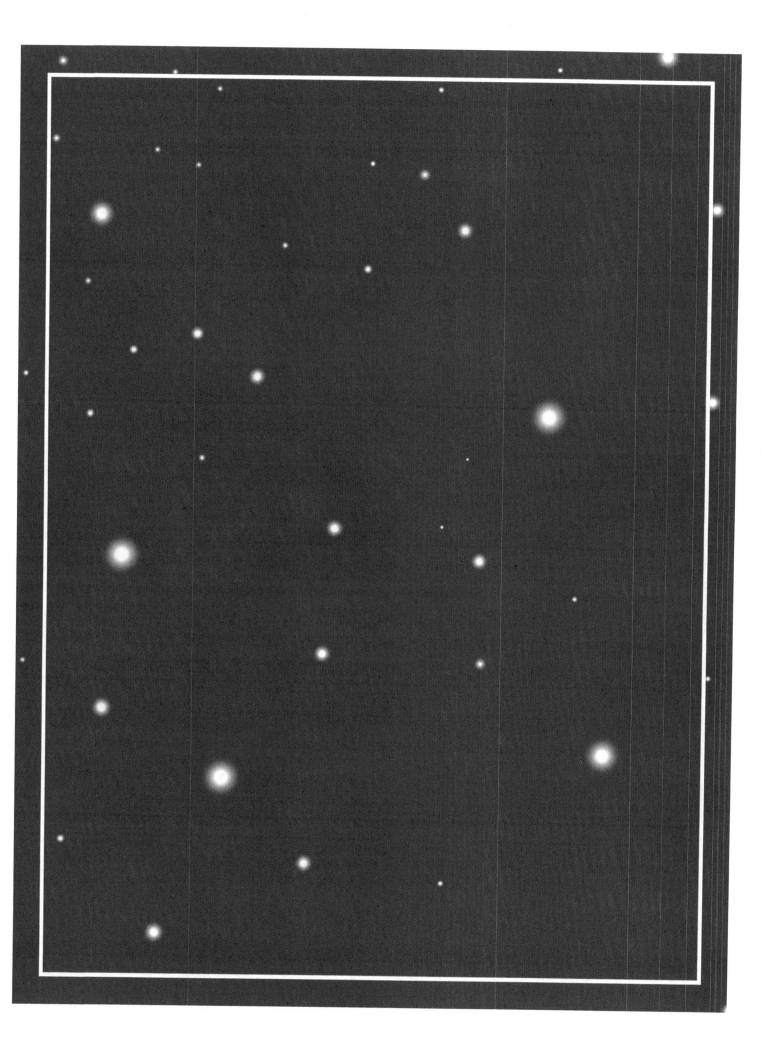

1.Green 2. Light Green 3.Dark Purple 4.Light Purple 5.Yellow 6.Medium Red

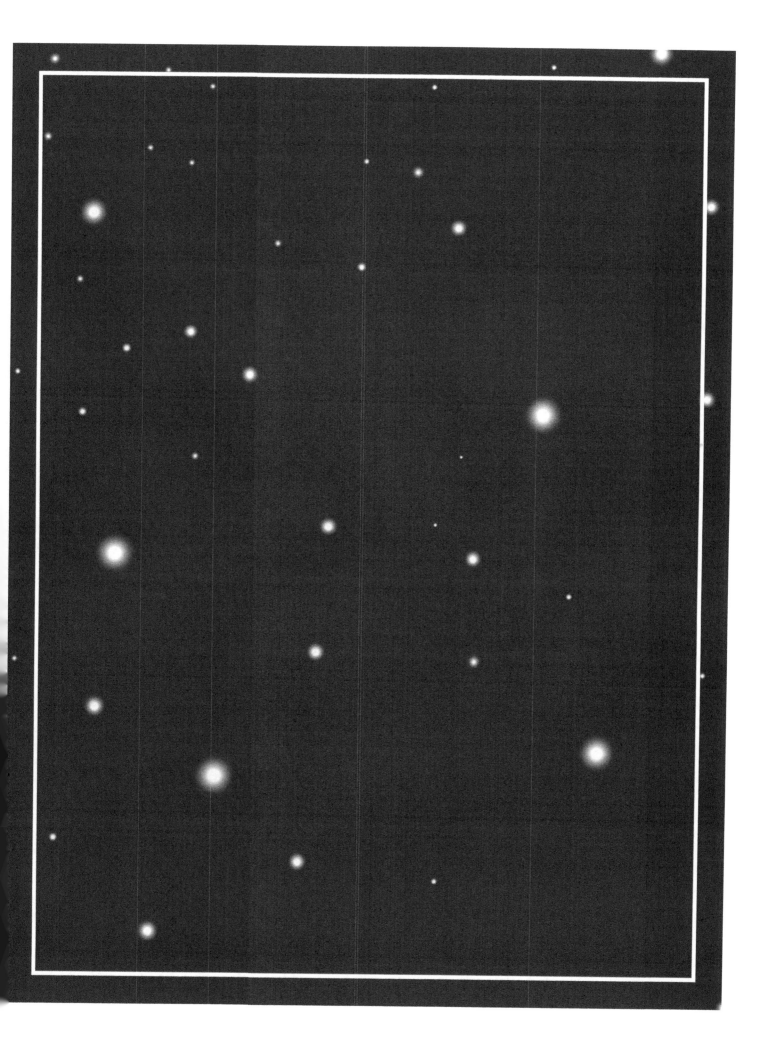

1.Green 2.Light Green 3.Medium Orange 4.Light Orange 5.Light Brown

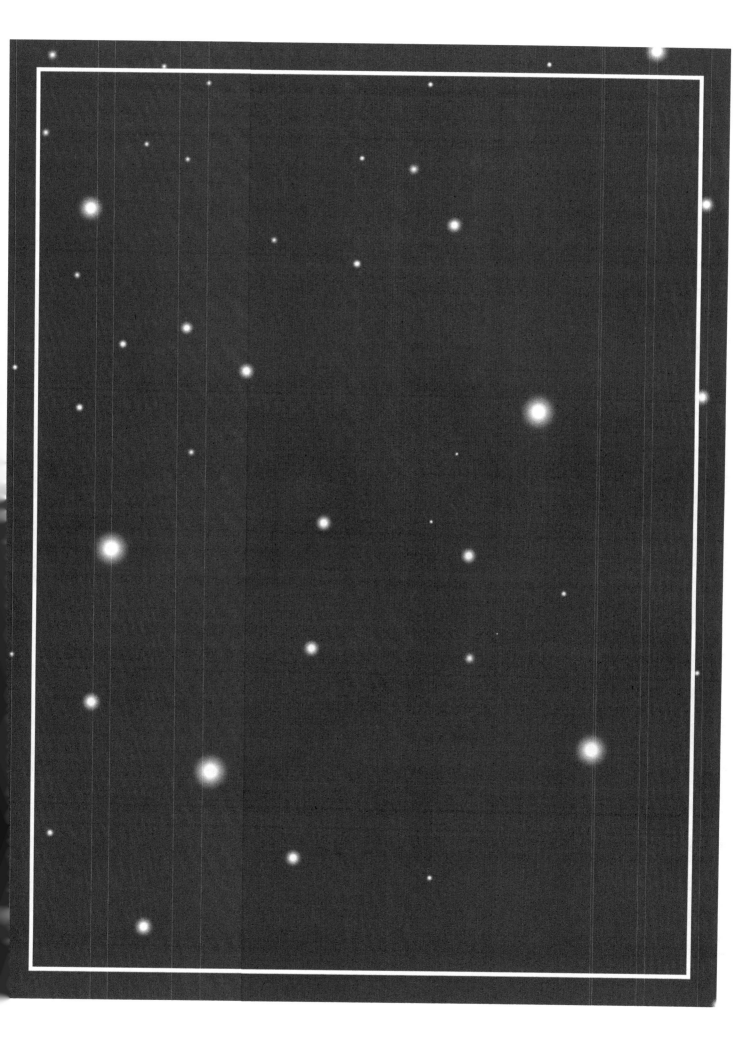

1.Green 2.Light Green 3.Yellow 4.Medium Orange 5.Light Orange 6.Medium Red

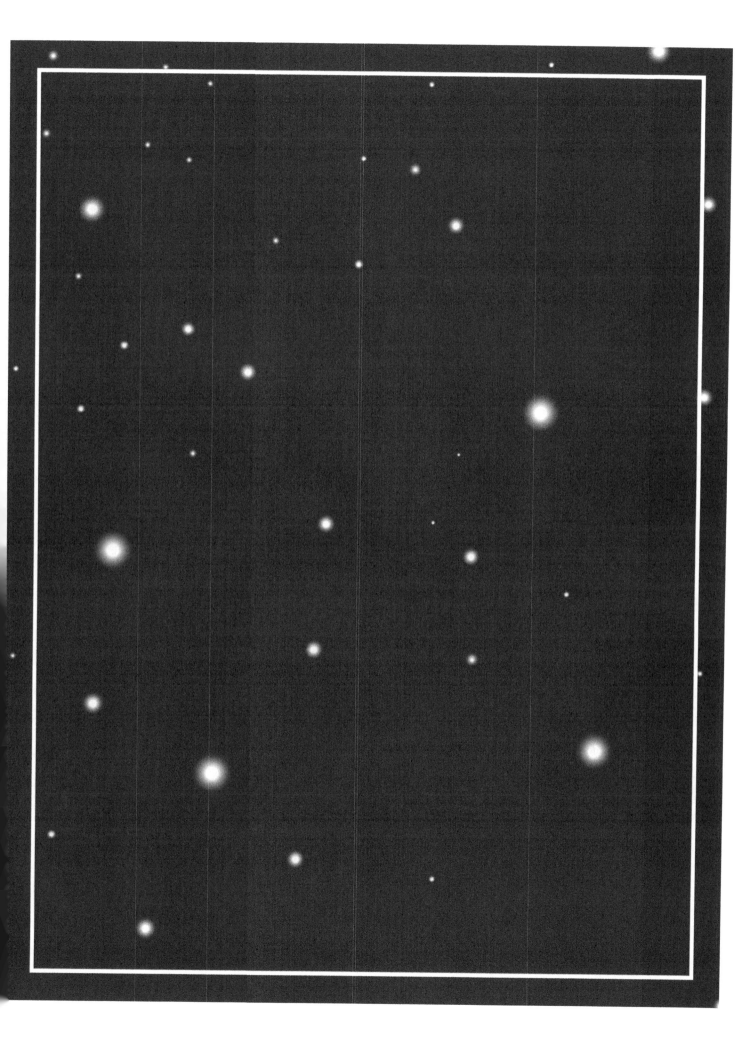

1.Green 2.Light Green 3.Light Orange 4.Medium Orange 5.Yellow

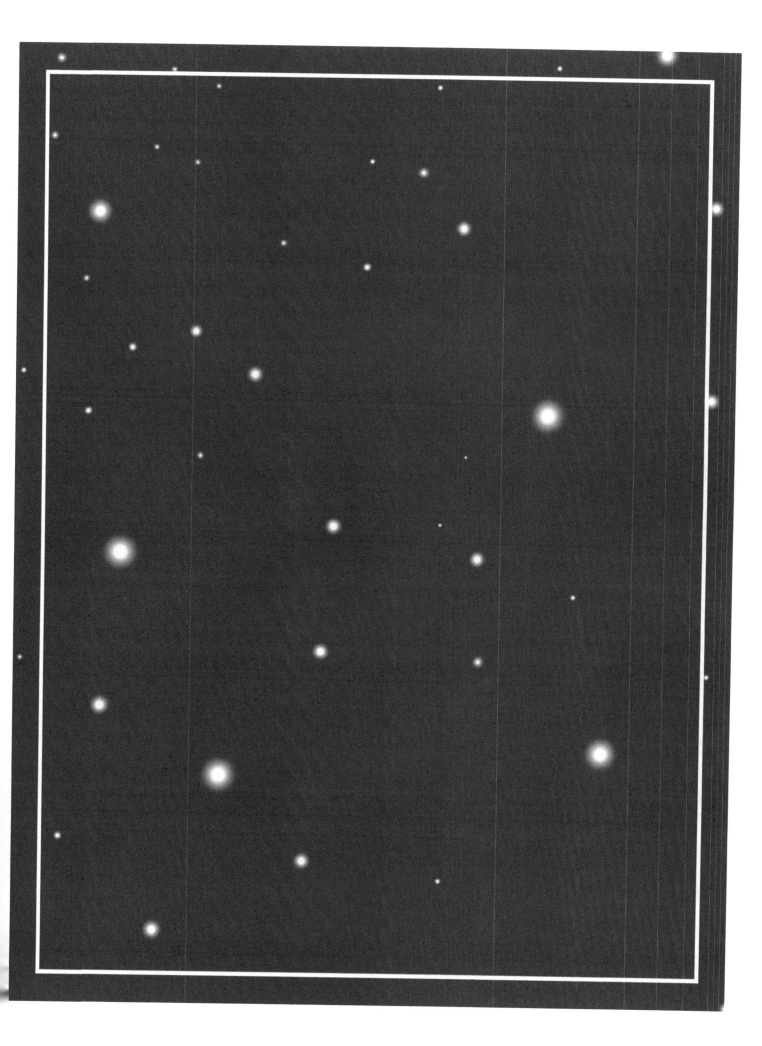

1.Green 2.Light Green 3.Pink 4.Yellow 5.Medium Orange

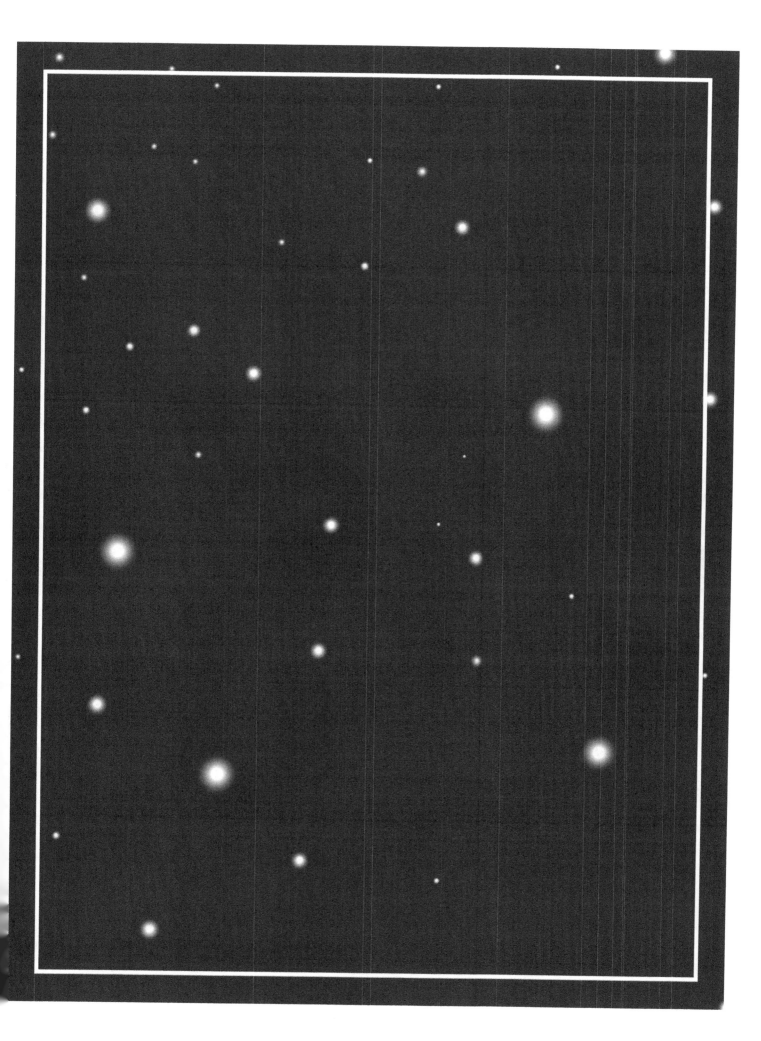

1.Green 2.Light Green 3.Medium Red 4.Dark Red

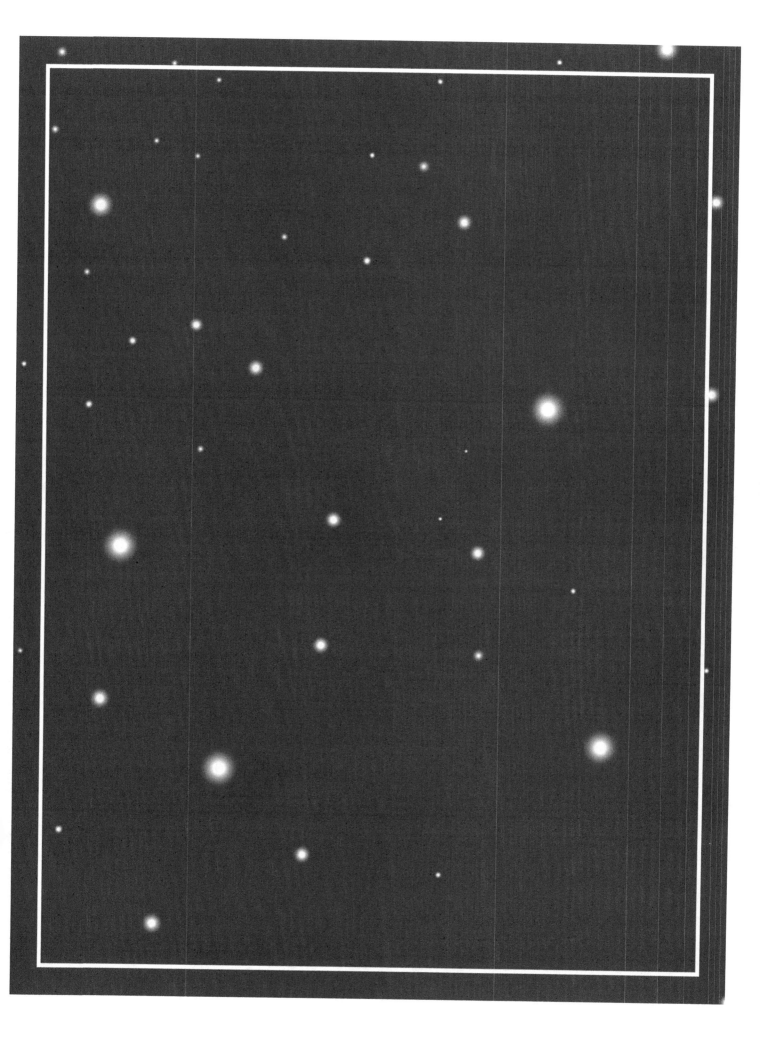

1.Green 2.Light Green 3.Yellow 4.Medium Orange 5.Medium Red

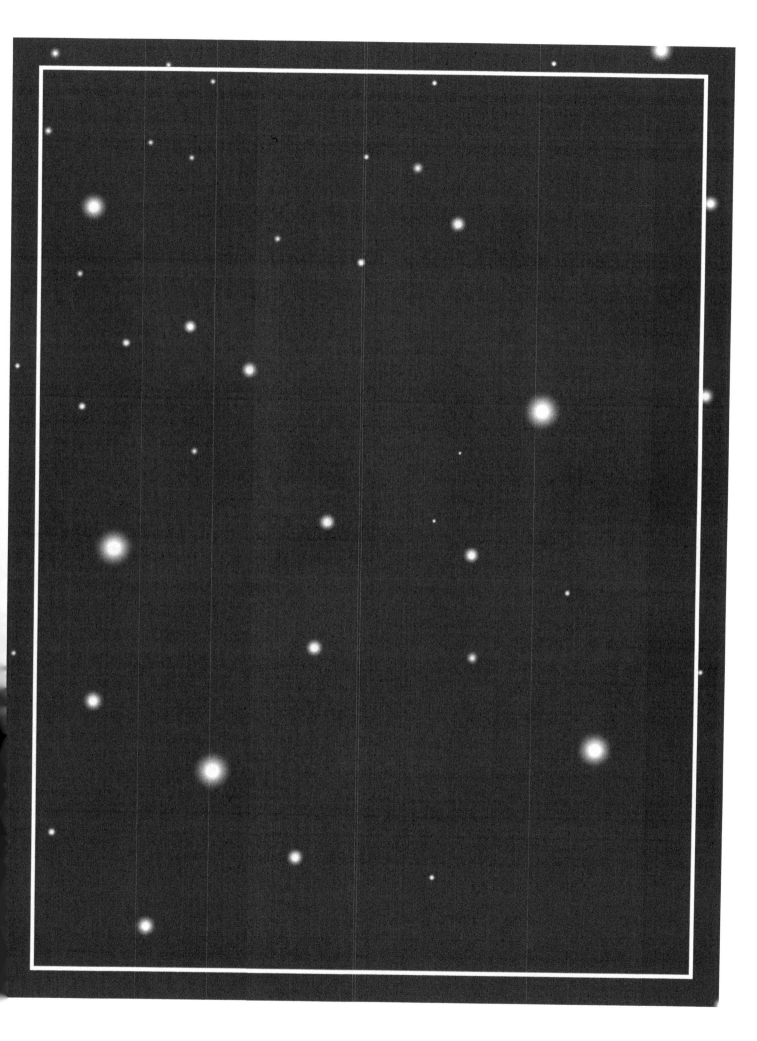

1.Green 2.Medium Orange 3.Light Orange 4.Yellow 5.Medium Red

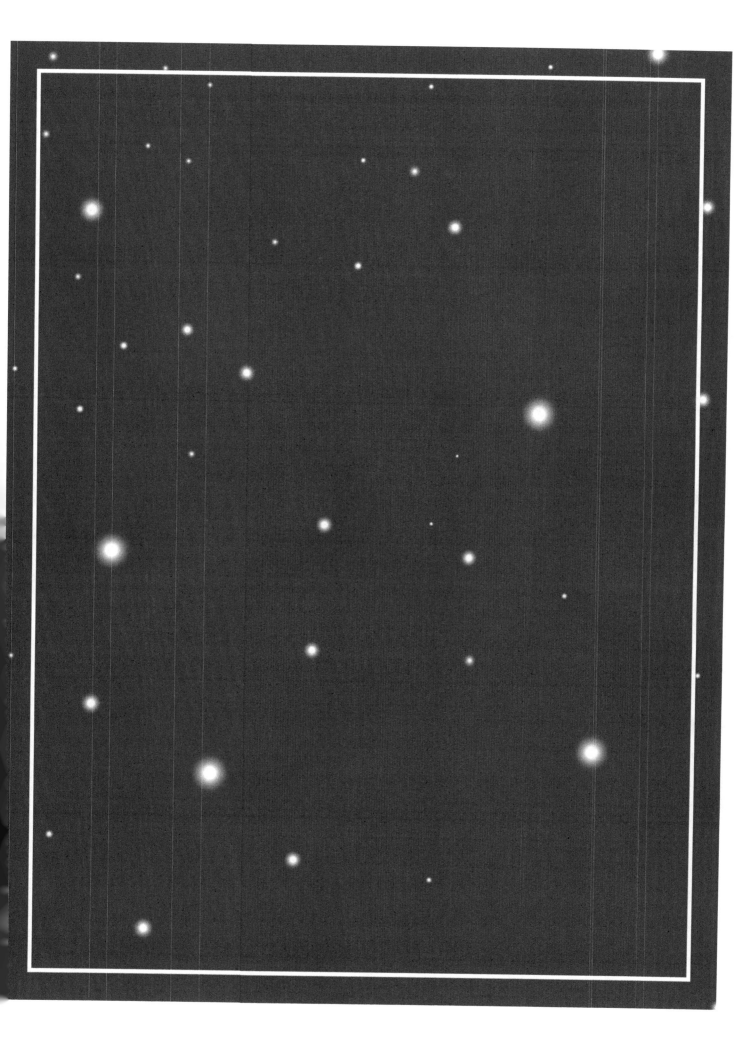

1.Light Green 2.Yellow 3.Medium Red 4.Ice Blue 5.Medium Orange 6.Light Orange

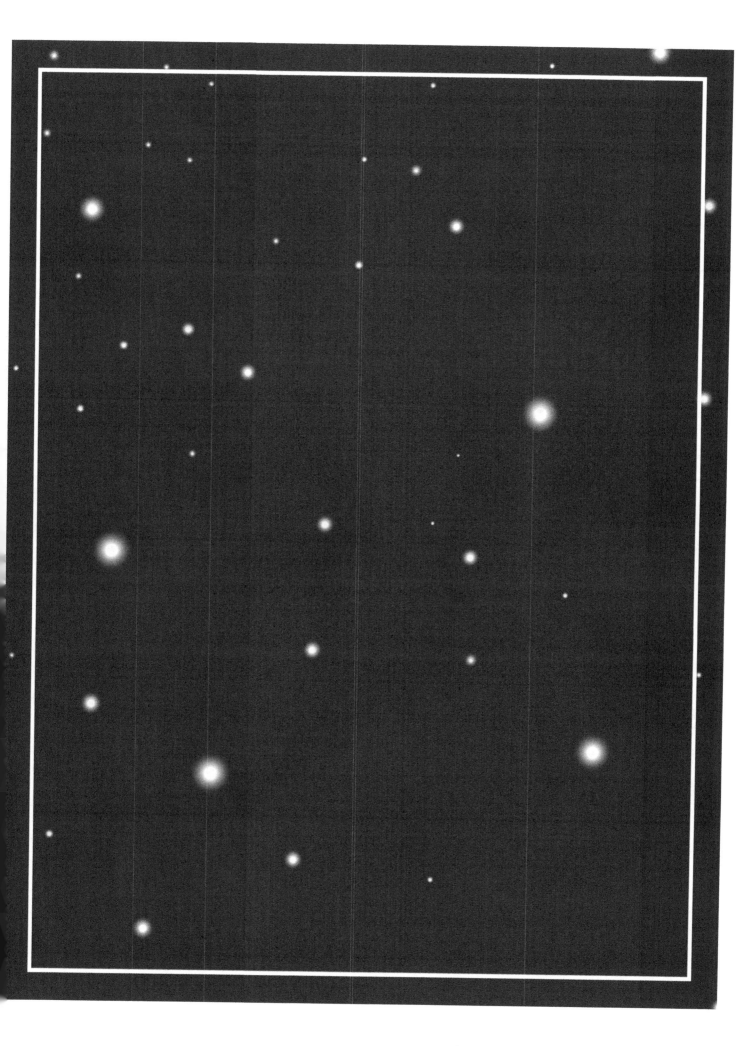

1.Green 2.Yellow 3.Light Orange 4.Medium Red 5.Light Gray 6.Light Blue

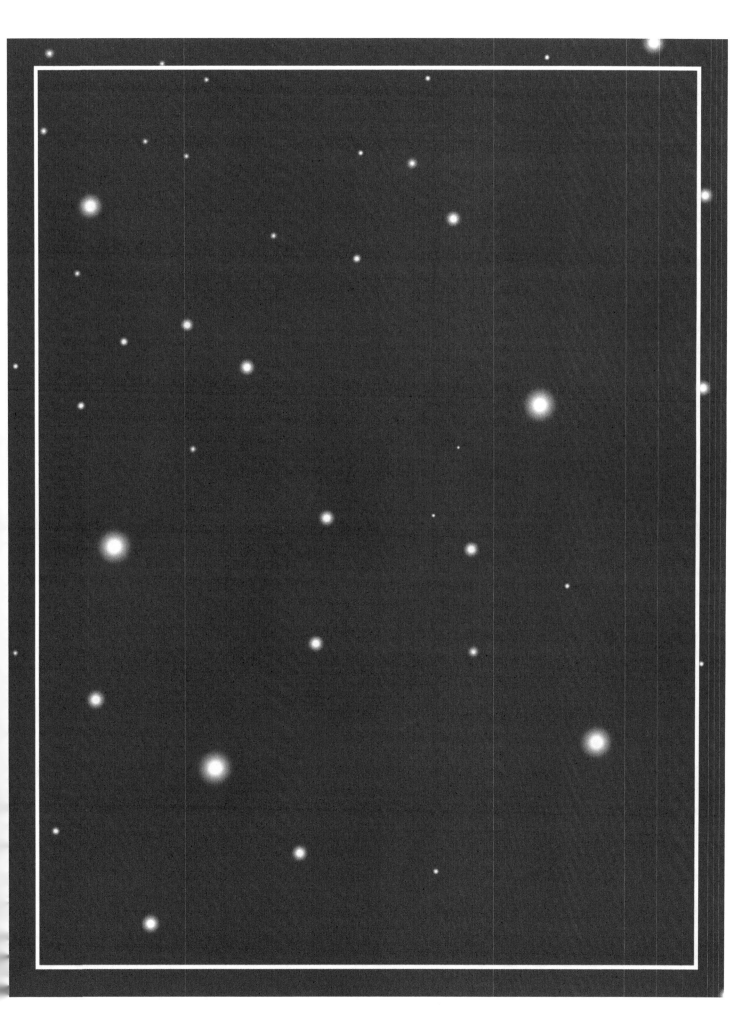

1.Light Green 2.Medium Red 3.Dark Red 4.Yellow 5.Pink 6.Dark Gray

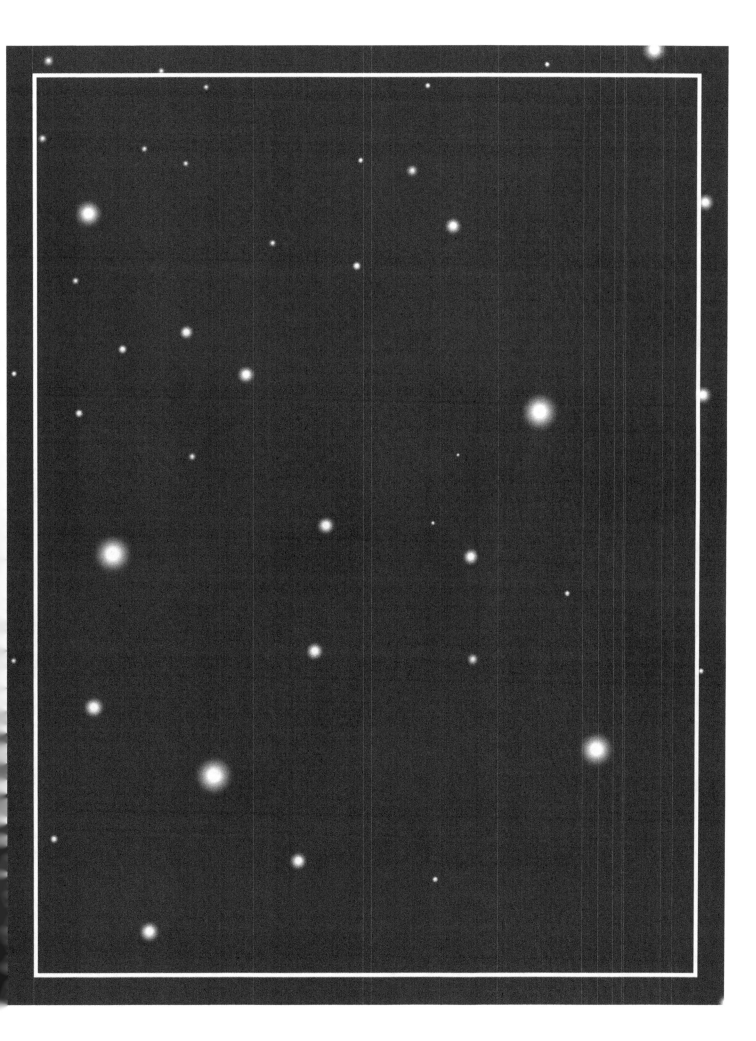

1.Light Green 2.Green 3.Dark Orange 4.Medium Orange 5.Light Orange 6.yellow

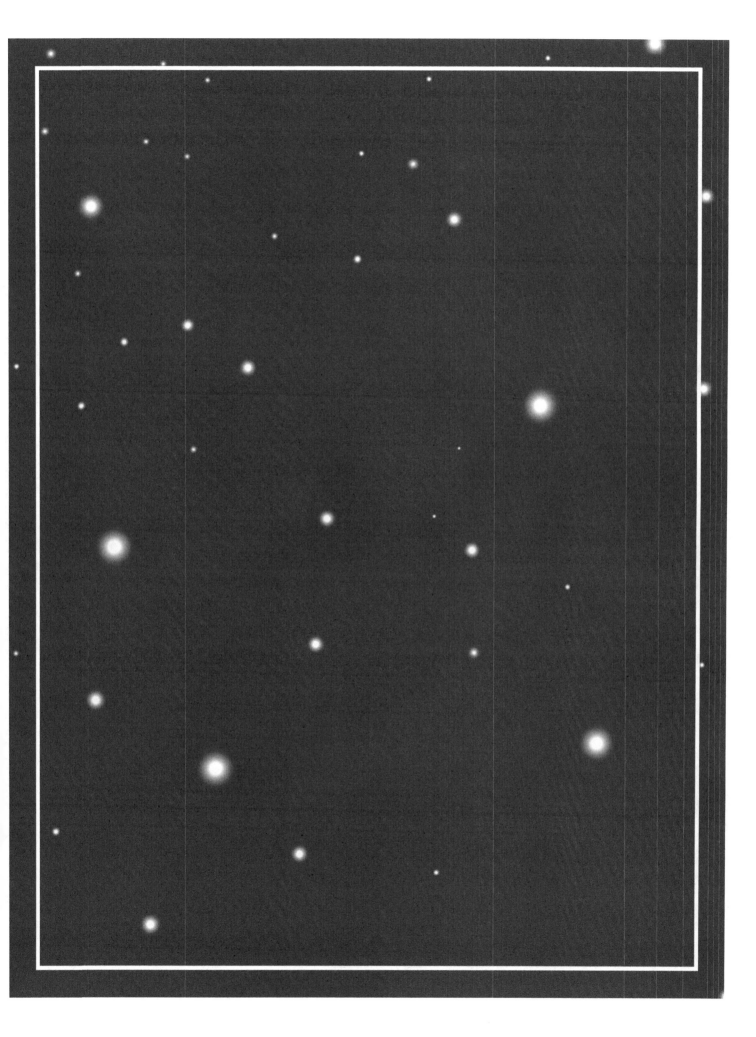

1.Green 2.Light Green 3.Yellow 4.Light Orange 5.Medium Red 6.Pink 7.Aqua

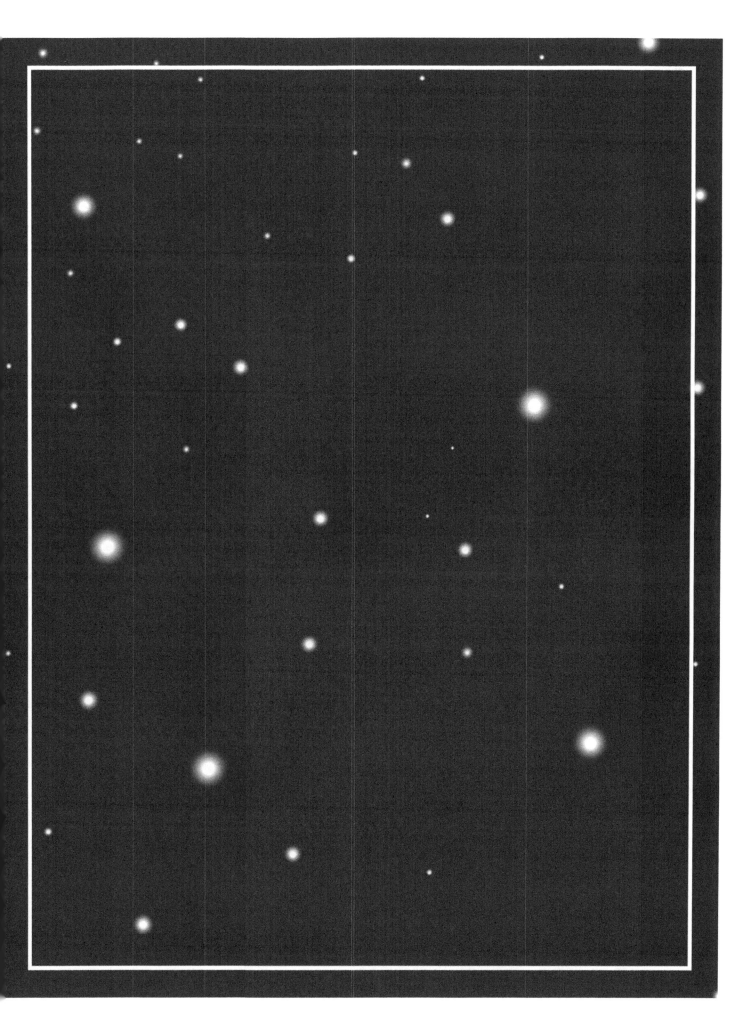

1.Light Green 2.Dark Orange 3.Medium Orange 4.Light Orange 5.Medium Red

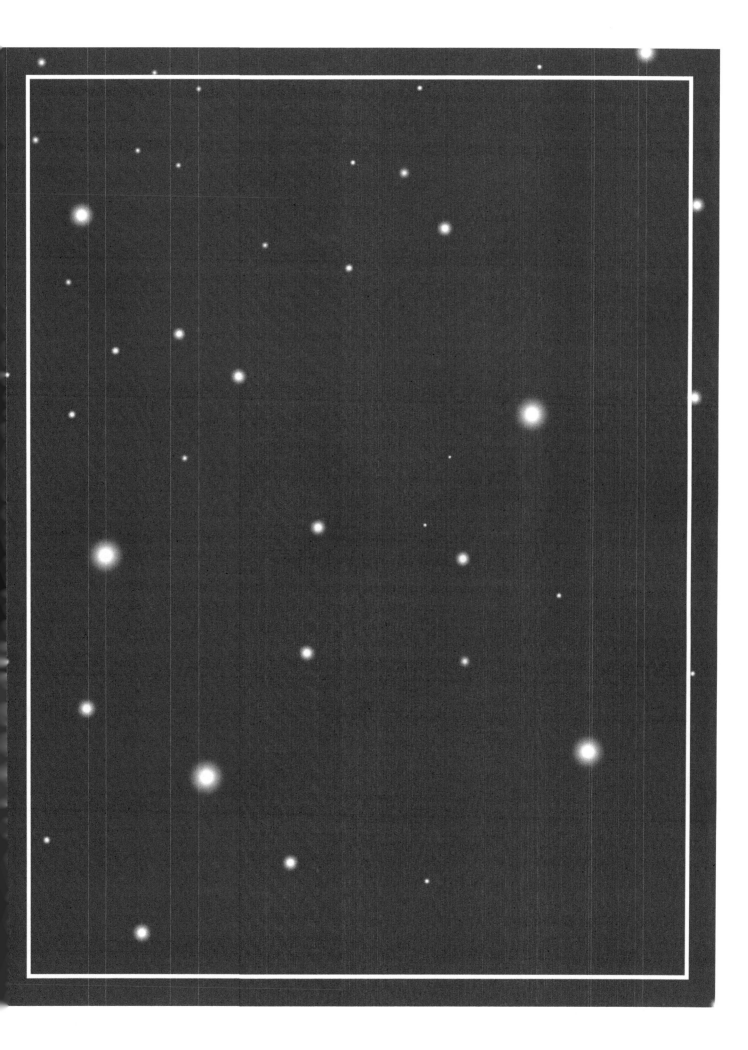

Made in the USA
Middletown, DE
31 October 2023